MW01474602

65 recetas de cocción lenta

sin gluten y para 2 personas

J. K. Erdinger

65 recetas de cocción lenta
sin gluten y para 2 personas

J. K. Erdinger

Título: *65 recetas de cocción lenta sin gluten y para 2 personas*

J. K. Erdinger
Octubre, 2016
All rights reserved - Todos los derechos reservados

Designed in Spain by - Diseñado en España por
Moli (behance.net/moli_nera)
Neuton, a font by Brian Zick
Icons by Yauheni Kulbei

www.crockpots.es

Live. Love. Eat.

Aclaraciones

A continuación, algunos consejos, detalles o curiosidades que se deben tener en cuenta para que nuestra experiencia con la olla de cocción lenta sea lo más satisfactoria posible y que nuestras creaciones tengan la mejor calidad, sabor, aromas, texturas, matices... Una experiencia única, gracias a las posibilidades que te permiten las ollas de cocción lenta, tus platos ahora tendrán una perspectiva nueva, ampliada, mejorada.

Al final de cada sección, te hemos dejado una página en blanco por si tienes que hacer algún tipo de anotación aclaratoria de alguna receta, o quieres ampliar la sección con alguna receta que hayas visto.

Debemos señalar que las fotografías son sugerencias de presentación, aunque estimamos que el resultado será, si no muy parecido, mucho mejor.

¿Por qué cocinar lentamente?

El *slow cooking* (o cocción lenta) es un término que se viene utilizando cada vez con más frecuencia pero, ¿por qué esa fiebre por la cocina lenta?

Si has comprado este libro probablemente sabes en qué consiste una olla de cocción lenta. No es más que un recipiente de cerámica en el que va incluído y soporte metálico que es donde cocinamos la comida y que recibe corriente eléctrica, lo que le permite tener una temperatura fija de manera contínua.

Una de las ventajas del slow cooking es el sabor. La cocción de los alimentos durante un periodo de tiempo más largo hace que el sabor se concentre de modo que los platos salen más sabrosos. la textura de los alimentos suele ser más suave, tanto en verduras y legumbres como el pescados y carnes. Aunque pueda parecer que una olla enchufada a la corriente durante tantas horas supone un gasto de electricidad muy alto, lo cierto es que no es así, menos aún cuando cocinamos a baja temperatura. Si comparamos el coste de electricidad que supone una vitrocerámica y una slow cooker, no hay comparación. Incluso cuando la tenemos en temperatura alta, la olla necesita menos energía que la vitrocerámica.

Otro de los beneficios de la olla de cocción lenta es que muchas de las vitaminas se conservan mejor en temperaturas bajas.

Una de mis ventajas preferidas es la posibilidad de programar la comida. Esto permite que añadamos los ingredientes antes de acostarnos y cuando nos levantemos la comida esté hecha y la olla apagada. Los materiales en los que está fabricada la olla permiten mantener el calor durante horas por lo que puedes utilizar la olla para llevar la comida de un lado a otro en la propia olla y puedes dejar reposar los alimentos para comerlos después sin necesidad de calentar.

Qué debemos saber cuando cocinamos con una olla de cocción lenta

Si queremos cocinar en una olla de cocción lenta y aún no somos unas expertas (o unos expertos) debemos tener en cuenta un par de condiciones generales que nos harán la vida más fácil.

En primer lugar, debemos planificarnos. Cocinar durante horas implica tener esas horas para cocinar por lo que debemos poder organizarnos con el resto de actividades.

En muchas ocasiones, en las recetas es necesario realizar algunas acciones que no implican la utilización de la olla, como por ejemplo, cocer arroz. Te recomendamos leer la receta al completo antes de empezar a cocinar para que puedas planificarte con antelación. Cuando leas los ingredientes para saber qué te hace falta, lee también la receta, te ayudará a organizarte.

Piensa también que la mayoría de estas ollas ya llevan incorporado el temporizador (y si no, puedes comprar uno a parte) por lo que puedes cocinar y desentenderte del guiso porque se apaga sola.

Algunas legumbres contienen una toxina llamada *Fitohemaglutinina* que solo podemos eliminar hirviendo. La olla de cocción lenta no llega a esta temperatura por lo que en ocasiones será necesario hervir previamente unos minutos, y luego empezar a cocinar.

Consejos para cuidar tu olla de cocción lenta

Para limpiar la olla sumérgela en agua templada en el fregadero con un poco de detergente. Deja la una hora o dos y luego elimina la suciedad con un cepillo con las púas de plástico.

Para una limpieza más profunda, introduce agua y añade medio vasito de vinagre y una cucharadita de bicarbonato de sodio. Tápala Y cocina a temperatura baja durante dos o tres horas. Luego apágala y dejar enfriar. Cuando haya enfriado, puedes lavarla con normalidad.

Asegúrate de que utilizas un spray para evitar que los alimentos se peguen. Por ejemplo, existen botes de aceite en spray.

Nunca añadas agua fría a tu olla de cocción lenta cuando aún esté caliente. Esto sólo conseguirá que la olla se quiebre. Acuérdate de apagar la olla de cocción lenta cuando termines de utilizarla.

Antes de comenzar a limpiar la olla recuerda que esta debe estar fría por completo.

No utilices utensilios de metal dentro de la olla de cocción lenta, podrían rayarla, Y esto podría suponer que se rompiese O que entras en baterías dentro de la olla.

Algunas veces el interior de las suyas puede lavarse en lavavajillas. Si quieres hacerlo, asegúrate de que la tuya lo permite. Para ello, lee las instrucciones atentamente.

Si se te ha quedado pegada comida en la olla de cocción lenta puedes introducir un poco de agua hasta que cubra la comida pegada Y encender la olla a temperatura baja durante una hora. Esto reblandecerá a la comida Y ahora más fácil su eliminación.

Consejos para la realización de las recetas

Es posible que hayas comprado este libro porque tengas alergia o intolerancia al gluten. Si es así, acuérdate de revisar todos los ingredientes antes de comer cualquier de las recetas que explicamos en el mismo. Si tienes dudas, confía en tu instinto pero en todo caso, sigue siempre los consejos de tu médico.

Si crees que existe algún error en cualquier de las recetas, puedes contactarnos en digitalperks@gmail.com y lo solventaremos en la próxima edición.

La mayoría de las recetas que aparecen en este libro aconsejan comenzar poniendo un poco de aceite en el interior de la olla para evitar que los ingredientes se peguen. Te recomendamos comprar aceite en spray para facilitar este proceso. Podrás encontrarlo prácticamente en cualquier supermercado.

Todas las recetas de este libro están pensadas para dos personas, con el objetivo de no malgastar comida y cocinar solo para lo que vayamos a gastar. Por eso, tendrás suficiente con una olla de cocción lenta de entre 1,5 y 2,4L aproximadamente.

A tener en cuenta cuando vayas a cocinar nuestras recetas

Siempre que hagamos referencia a la palabra "olla", nos estamos refiriendo a la olla de cocción lenta y en ningún caso a una olla normal (a no ser que se especifique lo contrario).

Éstos son los iconos que aparecen en todas las recetas, con ellos te vamos a indicar:

El tiempo de preparación, es decir, cuánto vas a tardar en realizar todos los pasos previos al uso de la olla.

El tiempo total, esto es el tiempo de preparación más el tiempo que los ingredientes deben estar cocinándose dentro de la olla.

El número de comensales, para cuántas personas es la receta. Si las personas que van a disfrutarla son más que el número indicado lo único que habría que hacer es multiplicar proporcionalmente los ingredientes usados.

Encuéntranos

Si quieres, puedes enviarnos tus sugerencias y/o rectificaciones sobre las recetas a

digitalperks@gmail.com

Encuentra más recetas y opiniones sobre ollas de cocción lenta en nuestra página web

www.crockpots.es

Índice

Aclaraciones
· I · VII ·

Secciones
· 08 · 99 ·

Índice por ingredientes
· 100 (1/6) · 106 (6/6) ·

CALDOS Y CARNES	· 08 · 19 ·
AVES	· 20 · 29 ·
PESCADOS	· 30 · 37 ·
VERDURAS Y LEGUMBRES	· 38 · 63 ·
PASTAS, ARROCES Y SEMILLAS	· 64 · 77 ·
POSTRES Y DESAYUNOS	· 78 · 85 ·
SALSAS	· 86 · 99 ·

CALDOS Y CARNES

Caldo de Verduras.................10
Caldo de Pollo.......................11
Caldo de Ternera 12
Caldo de Huesos 13
Carne de cerdo al curry
de coco 14
Ternera deshebrada
al chile banana 15
Cazuela de carne toscana 16
Costillas a la barbacoa.......17

AVES

Pollo asado con especias...22
Gallinas de Cornualles
con verduras.....................23
Arroz con pollo
Tex Mex................................24
Sándwiches de
Pulled chicken barbacoa..25
Muslos de pollo con
curry....................................26
Pollo español.....................27
Pollo Thai...........................28

PESCADOS

Risotto de gambas...............32
Pescado y verduras
de la toscana.....................33
Salmón criollo.....................34
Mejillones
con tomate y curry............35

PASTAS, ARROCES Y SEMILLAS

Polenta de hierbas...............66
Trigo sarraceno
con 3 champiñones.............67
Farro Pilaf............................68
Risotto de espárragos 69
Mezcla de 3 cereales 70
Arroz español
con frijoles negros...............71

Lasaña mexicana................72
Farro con espinacas............73
Arroz integral
con pilaf de verduras.........74
Risotto
con carne de ternera...........75

VERDURAS Y LEGUMBRES

Frijoles negros y polenta 40
Pimientos rellenos con arroz 41
Verduras y frijoles Thai 42
Enchilada de maíz y frijoles 43
Frijoles rojos con arroz 44
Chícharos picantes con maíz 45

Judías pintas a la barbacoa 46
Habichuelas (alubias) cocidas de Boston 47
Alubias blancas francesas con tomillo 48
Judías pintas picantes 49
Garbanzos griegos 50
Patatas guisadas al gratén 51
Judías verdes con patatas 52

Zanahorias con salsa de cítricos 53
Tiernas verduras de raíz 54
Ratatouille 55
Remolachas Harvard 56
Patatas picantes 57
Verduras asadas al curry 58
Puré de batatas con ajo 59
Cebolla caramelizada con ajo 60
Coliflor con curry y zanahorias 61

POSTRES Y DESAYUNOS

Puré de manzana y pera 80
Pudding de arroz de limón 81
Pudding de arroz 82
Manzana rellena de cereza 83

SALSAS

Salsa de tomate italiana 88
Salsa marinera 89
Salsa boloñesa 90
Salsa de piña 91
Salsa verde 92
Salsa barbacoa 93

Salsa roja 94
Chutney 95
Aderezo de tomate 96
Salsa de arándanos 97

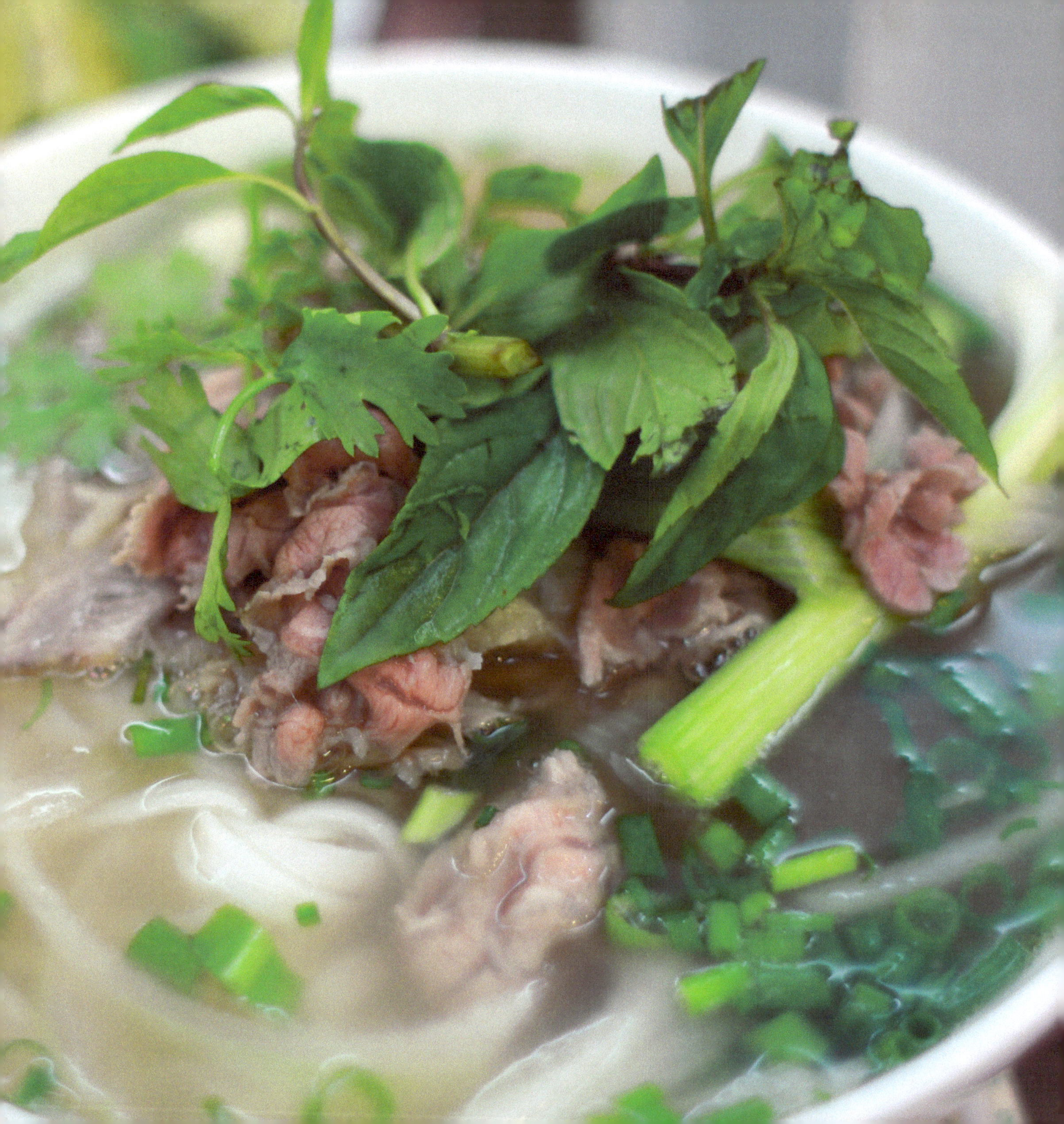

Caldos y Carnes

El gluten es una mezcla de proteínas
que se encuentra en algunos cereales como
el trigo y la cebada

CALDOS Y CARNES

1

Caldo de Verduras

00:10 | 6h | x2

INGREDIENTES

1 cebolla picada
2 ramas de apio con las hojas
1 ajo picado
1 tomate grande
40 gr de champiñones crimini

1,4L de agua

1 hoja de laurel
1 cucharadita de tomillo seco
1 pizca de sal
4 granos de pimienta

ELABORACIÓN

Mete dentro de la olla todos los ingredientes. Si no te caben, no tengas miedo de córtalos en trozos grandes. Cubre y cocina durante 6 h.

Saca todos los ingredientes sólidos y estrújalos bien para sacar todo el líquido. Puedes servir directamente o si quieres, puedes guardarla en la nevera hasta 4 días o congelar (4 meses máximo).

*Nota: En adelante, verás que muchas de las recetas incluye caldo de verduras, si quieres que tu receta sea lo más casera posible, puedes hacerlas con este caldo, hecho también por ti.

Caldo de Pollo

CALDOS Y CARNES 2

INGREDIENTES

½ kg de alitas y muslos de pollo (con hueso)
1,4 L de agua

1 cebolla sin pelar machacada
1 zanahoria troceada
1 apio cortado en rodajas con las hojas
2 dientes de ajo sin pelar cortados por la mitad

2 cucharadas de perejil picado en trozos grandes
2 cucharaditas de tomillo fresco
1 cucharadita de sal
1 pizca de pimienta negra

ELABORACIÓN

Mete en la olla todos los ingredientes y luego, añade el agua. Cubre y cocina a fuego bajo durante 6-7h o hasta que el líquido tenga cierto color dorado. Saca los ingredientes escurriéndolos bien y estrujándolos para que salga el líquido.

Puedes consumirlo directamente o si lo prefieres, dejarlo toda la noche en la nevera y al día siguiente eliminar la capa de grasa que queda en la parte superior. El caldo aguanta 4 días en la nevera o si lo congelas, hasta 4 meses.

CALDOS Y CARNES

3

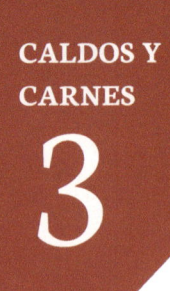

Caldo de Ternera

00:20   08:30   x2

INGREDIENTES

1 kg de ternera con huesos
1 cebolla sin pelar, picada
Aceite de oliva

1,4 L de agua

2 dientes de ajo con piel, picados
2 zanahorias en rodajas
1 tomate
1 cucharadita de sal
4 granos de pimienta
1 hoja de laurel
½ cucharadita de orégano seco

ELABORACIÓN

Para realizar esta receta, necesitarás utilizar el horno. Puedes precalentar a 250° mientras preparas los ingredientes.

Prepara una bandeja con la carne y la cebolla y un poco de aceite de oliva sobre ellas y métela en el horno 20-30 mins o hasta que la carne esté marrón.

Mete la carne y la cebolla en la olla de cocción lenta. Añade media taza de agua a la bandeja del horno y rasca para sacar los restos de carne, cebolla y restos de comida (donde todo está el sabor). Añade a la olla de cocción lenta esta agua con los restos del horneado y el resto del agua e ingredientes. Tapa y cocina durante 6-7 horas.

A terminar, cuela el caldo y mete en la nevera toda la noche. Elimina la grasa que quede en la parte superior y ya puedes calentar y consumir.

Caldo de Huesos

CALDOS Y CARNES 4

00:20 | 10h | ×2

INGREDIENTES

½ kg de huesos con carne (puedes elegir si ternera, pollo, etc.) o costillas
1,5 L de agua fría

1 zanahoria
20 gr de champiñones laminados
1 cebolla picada

2-3 cm de jengibre fresco
2 dientes de ajo machacado
1 cucharada de cebollino fresco
1 cucharada de vinagre de manzana

ELABORACIÓN

Mezcla todos los ingredientes en la olla durante 9-10h o hasta que el caldo esté de color dorado. Utiliza un colador para separar los ingredientes del caldo. Al terminar, mete el caldo en la nevera durante toda la noche y eliminar la grasa que quede en la parte superior al día siguiente. Calienta para consumirlo. Aguanta 4 días en la nevera y 3 meses en el congelador.

CALDOS Y CARNES

5

Carne de cerdo al curry de coco

00:15 | 8h | x2

INGREDIENTES

1 kg de carne de cerdo
1 pimiento rojo grande, cortado en dados
1/2 cebolla picada

750 ml de leche de coco
3 dientes de ajo, picados
2 cucharadas de azúcar moreno
1 cucharada de curry en polvo
1 cucharadita de jengibre molido
1 cucharadita de sal
1/2 cucharadita de pimienta

2 cucharadas de fécula de maíz
2 cucharadas de zumo de limón
Cilantro fresco picado

ELABORACIÓN

Pon un poco de aceite en los bordes interiores de la olla de cocción lenta para que no se pegue. Mete la carne, el pimiento y la cebolla. En un bol, mezcla la leche de coco, el ajo, el azúcar moreno, el curry en polvo, el jengibre, la sal y la pimienta. Remueve y rocía sobre el cerdo en el interior de la olla.

Tapa y cocina a fuego lento durante 8 h o 4-5 a fuego alto. Al terminar, cuando la carne esté tierna, sepárala con dos tenedores en hebras pequeñas, dentro de la olla, con cuidado de no rayarla. En un bol pequeño, mezcla el almidón de maíz y el zumo de limón y viértelo sobre la carne. Enciende la olla a fuego alto y cocina 10-15 minutos más, hasta que la salsa se espese un poco. Sirve con patatas cocidas, quinoa o arroz.

CALDOS Y CARNES 6

Ternera deshebrada al chile banana

00:15 — 04:30 — ×2

INGREDIENTES

1 kg de ternera sin hueso
4 chiles bananas, sin semillas, cortados en rodajas

1 cebolla cortada en rodajas
250 ml de caldo de carne

ELABORACIÓN

Mete todos los ingredientes en la olla de cocción lenta y cocina durante 6-8 h a temperatura baja dependiendo de cómo de tierna te guste la carne. Al terminar, solo tienes que separar la carne en hebras, con la ayuda de dos tenedores.

CALDOS Y CARNES

7

Cazuela de carne toscana

00:20 — 9h — ×2

INGREDIENTES

2 cucharadas de aceite de oliva
¾ de kg de falda de ternera con hueso

1 cebolla picada
2 dientes de ajo machacados
2 zanahorias en rodajas
75 gr de setas portobello
2 tomates grandes sin las semillas y picados
2 cucharadas de las hojas del apio fresco
2 cucharadas de tomate frito

120 ml de vino tinto
120 ml de caldo de carne
½ cucharadita de sal
½ cucharadita de orégano
2 cucharaditas de hojas de romero fresco machacado

ELABORACIÓN

En una olla normal, a fuego medio, pon un poco de aceite y cocina la carne hasta que esté de color marrón por ambos lados. Debe estar aproximadamente 5 minutos para los dos lados.

En un bol de pequeño tamaño pon el vino junto con el tomate, el caldo, la sal y el orégano y mézclalo bien. Aparta durante unos minutos mientras que en la olla de cocción lenta, metes la cebolla, el ajo, las zanahorias, las setas, el tomate, el apio y pones la carne encima de todo. Luego rocía la carne con la mezcla del bol. Cubre y cocina a fuego bajo durante 8-9 horas o hasta que la carne esté tierna. Echa el romero fresco, remueve y sirve.

Costillas a la barbacoa

CALDOS Y CARNES 8

INGREDIENTES

1 kg de costillas de cerdo
Sal gruesa
Pimienta

2 tazas de salsa de tomate
½ taza de sirope de agave
2 cucharadas de salsa Worcestershire (comprar una marca sin gluten)
2 cucharadas de mostaza de Dijon

1 cucharadas y media de sal de ajo
1 cucharada de cayena
1 cucharadita de pimienta negra
½ cucharadita de pimienta roja molida
3 dientes de ajo, picados

ELABORACIÓN

Calienta el horno a 200 grados. Espolvorea sal y pimienta por las costillas, en ambos lados. Coloca las costillas en una bandeja de horno y cocina durante 15 minutos o hasta que las costillas estén doradas.

Aprovecha los 15 minutos de cocción en el horno para mezclar el resto de los ingredientes en un bol.

Corta las costillas en trozos de 4-5 costillas dependiendo de tu gusto y échalas en la olla de cocción lenta. Añade la salsa del bol y cocina a fuego alto durante 6 h o hasta que la carne comience a despegarse del hueso.

Cuando termines, vuelve a precalentar el horno a 200 grados, vuelve a colocar las costillas en la bandeja, y vuelve a hornear 15 minutos para que se caramelice la costilla. Al terminar, rocía con la salsa que ha quedado en la olla y... ¡ya están listas para servir!

Anotaciones

Anotaciones

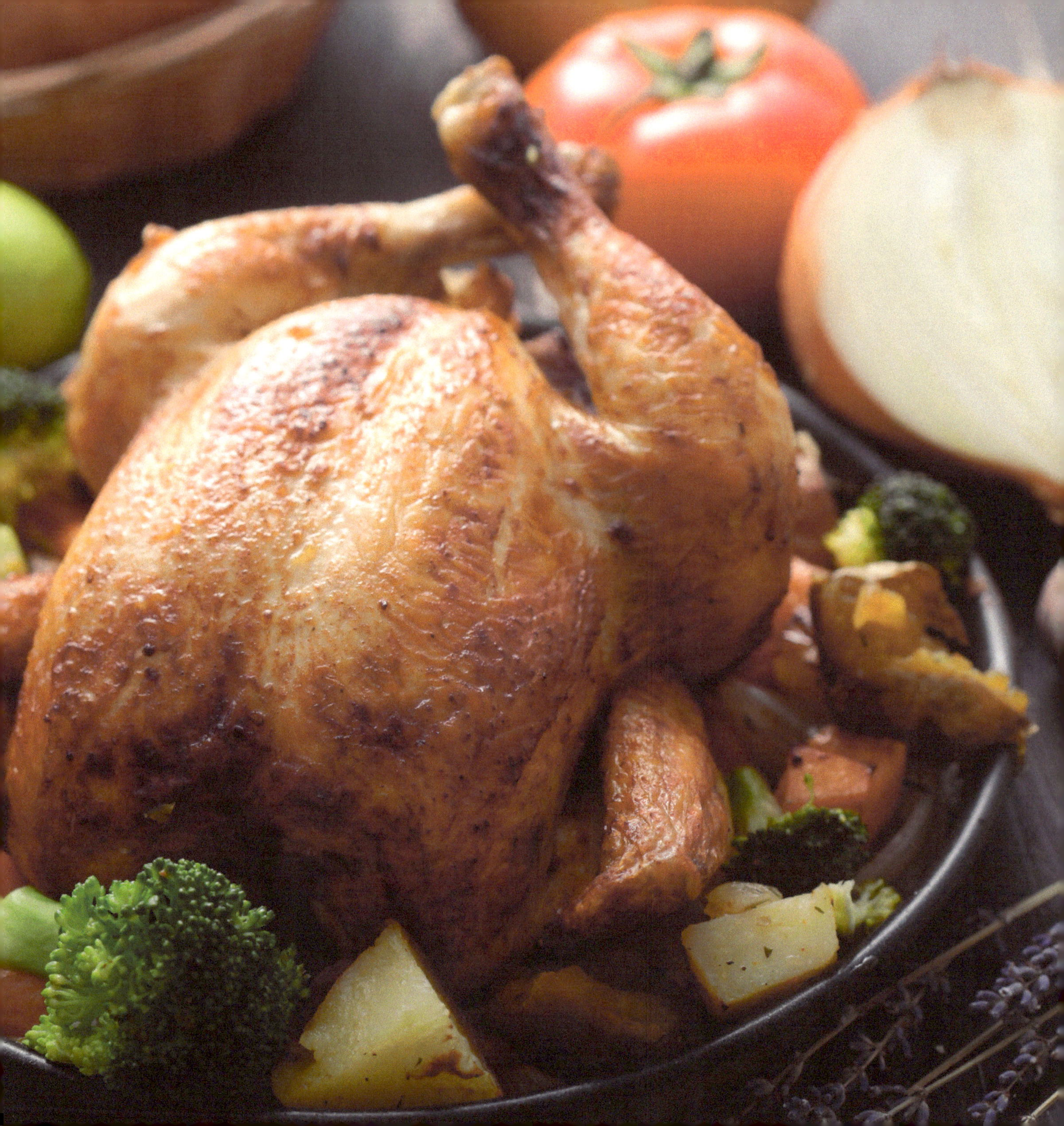

Aves

⚜

La introducción de pequeñas cantidades de gluten
entre los 4 y los 6 meses de vida previene el desarrollo de la celiaquía

⚜

AVES

1

Pollo asado con especias

00:05 — 8h — ×2

INGREDIENTES

Aceite de Oliva

Sal
Pimentón
Tomillo
3 dientes de ajo
Pimienta negra

1 pollo para asar
1 limón

ELABORACIÓN

Extiende el aceite de oliva por la olla con una servilleta o si tienes, con aceite en spray. Corta 4 hojas de papel de plata de 45 cm y conviértelas en 4 bolas. Colócalas dentro de la olla.

En un bol, machaca los 3 dientes de ajo e incluye la una cucharadita de sal, otra de tomillo, otra de pimentón y otra de pimienta. Remuévelo bien.

Mete 1/4 de la mezcla dentro del pollo, y espolvorea el resto de la mezcla sobre la piel. Corta el limón en 4 pedazos, mete dos dentro de la olla, exprime los otros dos sobre la olla con la manos y luego, métalos dentro. Coloca el pollo encima de las 4 bolas de papel de aluminio. Cierra la olla y cocina a temperatura baja durante 8 h.

Gallinas de Cornualles con verduras

INGREDIENTES

2 gallinas de cornualles
1 limón cortado en 8
Sal
Media pastilla de caldo de pollo
Pimienta negra

150 gr de champiñones laminados
2 zanahorias en rodajas
1 cebolla cortada en tacos
2 dientes de ajos picados
2 patatas cortadas en cubos

Medio vaso de caldo de pollo

ELABORACIÓN

Introduce el limón dentro de las gallinas. Coloca las gallina en un plato y espolvorea sobre ellas la sal, la media pastilla de caldo de pollo, y la pimienta. Aparta.

Mete los champiñones, zanahorias, cebolla, ajo y patatas en la olla. Coloca las gallinas encima de las verduras. Vierte el caldo de pollo sobre la olla. Tapa y cocina durante 8h a baja temperatura.

AVES 3

Arroz con pollo Tex Mex

00:20 | 7h | x2

INGREDIENTES

1 cebolla cortada en cubos
2 pimientos rojos cortados en cubos
3 dientes de ajo machacados
1 jalapeño, machacado
1 lata de 400 gr de habichuelas negras (enjuagadas y escurridas)
1/2 taza de arroz largo integral

5 muslos de pollo sin hueso, cortados en tiras
1/2 cucharada de comino en polvo
1/2 cucharada de orégano
1/2 cucharada de sal
1/2 cucharada de pimienta negra

250ml de salsa roja (ver receta)
250ml de caldo de pollo
Media taza de queso semicurado (mejor si es especiado con hierbas y chile)

ELABORACIÓN

Introduce en la olla de cocción lenta la cebolla, el pimiento, el ajo, el jalapeño, las habichuelas y el arroz. En un bol, especia el pollo con el comino, el orégano, la sal y la pimienta y colócalo en la olla encima de todo lo anterior.

Rocía la salsa roja y el caldo de pollo en la olla sobre los ingredientes. Tapa y cocina a baja temperatura durante 7h. Antes de servir, espolvorea el queso por encima.

Sándwiches de Pulled chicken barbacoa

AVES 4

00:05   7 h (baja) + 00:30 (alta)   ×2

INGREDIENTES

6 muslos de pollo con piel hueso

1 cebolla picada
2 dientes ajo machacados
1 cucharada de pimentón
250 ml de salsa barbacoa

2 panes de hamburguesa

ELABORACIÓN

Mete todos los ingredientes en la olla menos el pan. Tapa la olla y cocina a fuego bajo durante 6-7h. Al terminar, saca el pollo de la olla y límpialo de huesos y piel. Vuelve a colocar el pollo en la olla y, sin tapar, cocina a fuego alto durante 30 mins

Haz sándwiches con el pollo y el pan y sirve.

AVES

5

Muslos de pollo con curry

00:15

8 h (baja)
00:15 (alta)

x 2

INGREDIENTES

1 batata sin piel y picada
250 gr de champiñones pequeños
250 gr de zanahorias baby
1 cebolla picada
2 dientes de ajo machacados
2 cucharitas de jengibre fresco machacado

5 muslos de pollo con hueso y sin piel
2 cucharitas de curry
125 ml de caldo de pollo

1 cucharada de maizena
60 ml de agua

ELABORACIÓN

Mezcla la batata, las setas, las zanahorias, el ajo y el jengibre en la olla. En un plato, coloca los muslos de pollo y espolvoreamos con el curry. Luego, métselos encima de las verduras en la olla.

Echa el caldo encima de todo, pon la tapa y cocina a fuego bajo durante 8 h.

En un bol pequeño, mezcla la maizena con el agua y remueve. Luego mete esta mezcla también en la olla y tapa y cocina a fuego alto durante 10-15 mins o hasta que la salsa esté espesa.

Pollo español

AVES 6

00:10
8 h (baja)
00:10 (alta)
× 2

INGREDIENTES

2 cuartos de pollo con hueso sin piel
2 cucharaditas de pimentón
Media cucharadita de pimentón dulce
Sal
Una pizca de cayena
1 cebolla picada
1 pimiento verde picado
2 dientes de ajo machacados

200 gr de arroz integral
1 lata de 500 ml de tomate entero troceado (con el líquido)
250 ml de caldo de pollo
1 cucharada de zumo de limón recién exprimido
Media cucharada de la piel del limón rallada
1 pizca de azafrán

10 aceitunas verdes cortadas en taquitos
150 gr de guisantes verdes congelados (descongelados)

ELABORACIÓN

En un plato, espolvorea el pollo con las especias: pimentón, pimentón dulce, sal y cayena. En la olla, mezcla la cebolla, el pimiento, el ajo y el arroz y luego, coloca los cuartos de pollo encima.

En un bol mediano, mezcla los tomates, el caldo, el zumo de limón, la piel del limón y el azafrán. Déjalo reposar 5 mins y mete la mezcla en la olla. Luego, pon encima las aceitunas.

Pon la tapa y cocina a fuego bajo durante 7 u 8 h. Mete los guisantes, tapa y cocina a fuego alto durante 10 mins.

AVES

Pollo Thai

00:15   04:30   x2

INGREDIENTES

2 cucharaditas de curry
70 ml de leche de coco
500 ml de caldo de pollo
2 cucharadas de azúcar moreno
2 cucharadas de mantequilla de cacahuete

750 gr de pechugas de pollo, cortadas en trozos grandes
1 pimiento rojo, sin semillas y cortados en rodajas
1 cebolla, cortada en rodajas
1 cucharada sopera de jengibre fresco, picado

1 taza de guisantes congelados, descongelados
1 cucharada de zumo de limón
Cilantro, para adornar

ELABORACIÓN

Mezcla en un bol el curry, la leche de coco, el caldo de pollo, la salsa de pescado, el azúcar moreno y la mantequilla de cacahuete y échalos en tu olla de cocción lenta. Coloca los trozos de pechuga de pollo encima y echa también el pimiento, la cebolla y el jengibre. Tapa y cocina a fuego alto durante 4h.

Luego, añadir los guisantes y cocina durante media hora más. Agrega el zumo de limón y sirve decorando con cilantro. Este plato es ideal para acompañar con arroz basmati cocido.

Anotaciones

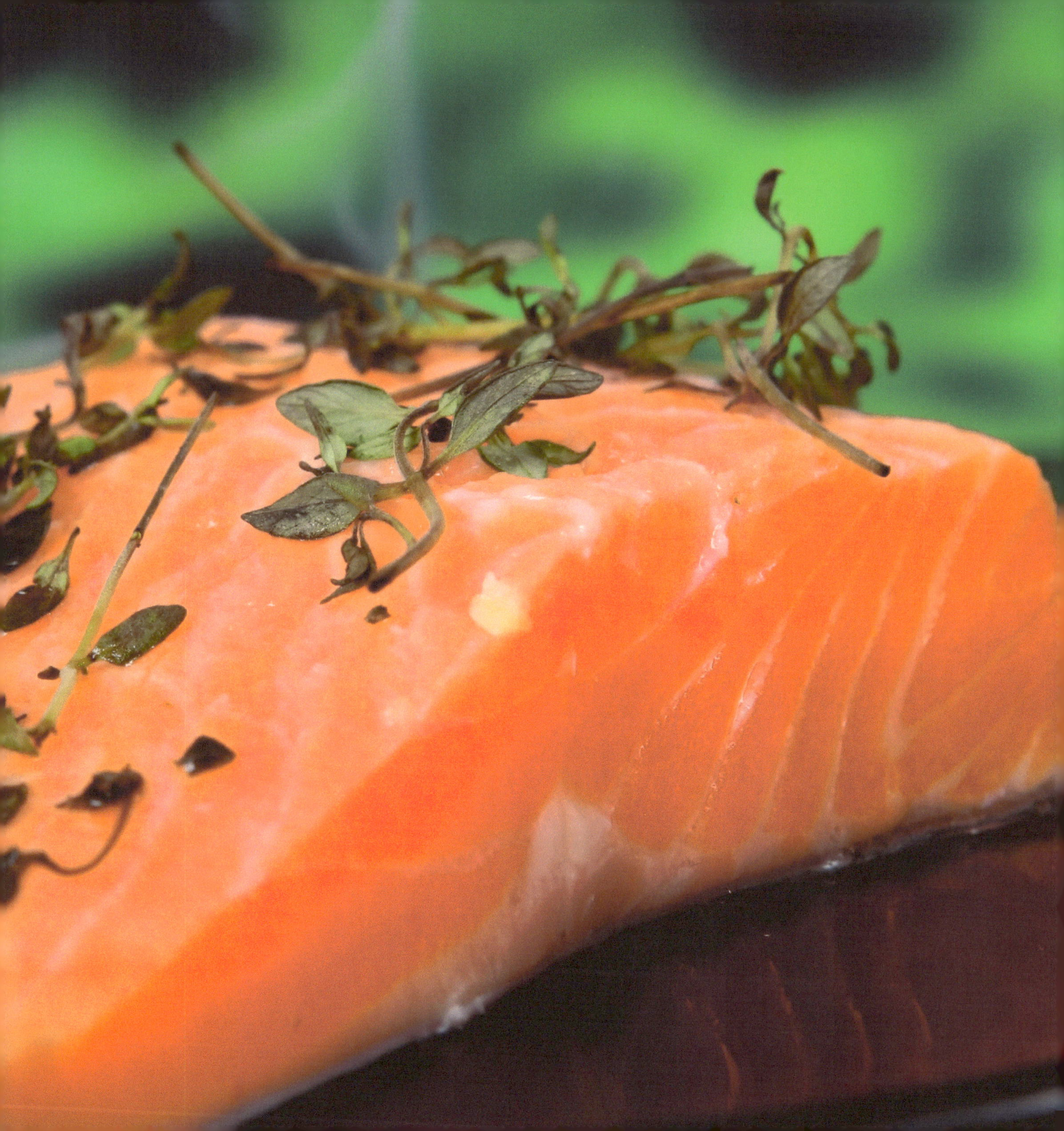

Pescados

❦

Se puede detectar si eres celíaco
con un simple análisis de sangre que detecta
los anticuerpos antitransglutaminasas (anti-TG2)

❦

PESCADOS

1

Risotto de gambas

00:10　05:30 (baja) + 00:15 (alta)　×2

INGREDIENTES

1 cebolla picada
2 dientes de ajo machacados
300 gr de arroz arbóreo (o para risotto)
1 pizca de sal
1 L de caldo de pollo
60 ml de vino blanco

330 gr de gambas peladas (crudas)

25 gr de queso parmesano rallado
2 cucharadas de mantequilla

ELABORACIÓN

Mete en la olla la cebolla, el ajo, el arroz y la sal. Remueve e incluye el caldo y el vino. Cubre y cocina a fuego bajo durante 5h y media.

Mete las gambas y remueve con cuidado. Luego cubre y cocina a fuego alto 15 mins o hasta que las gambas se curven.

Echa el queso y la mantequilla y apaga la olla. Cubre y deja 10 mins reposar sin tocar la olla. Remueve y sirve.

Pescado y verduras de la toscana

PESCADOS 2

00:20
7h (baja)
00:30 (alta)
x2

INGREDIENTES

1 pimiento rojo en tiras
1 pimiento amarillo en tiras
1 cebolla picada
1 berenjena pequeña pelada y cortada en cubos
75 gr de champiñones laminados
3 dientes de ajo machacados
1 cucharada de aceite de oliva
450 gr de patatas

1 cucharadita de hojas de romero fresco machacado
1/2 cucharadita de hojas de tomillo seco
Una pizca de pimienta negra
Un poco de sal al gusto

125 ml de caldo de pollo o de verduras
2 filetes de mero

ELABORACIÓN

Extiende un poco de aceite por el interior de la olla para que no se pegue lo que vas a cocinar. Si tienes, puedes utilizar aceite en spray. En todo caso, te recomendamos que sea aceite de oliva.

Mete dentro de la olla los pimientos, la cebolla, la berenjena, los champiñones, las patatas y el ajo y rocíalos con aceite de oliva. Después, espolvorea el romero, el tomillo, la sal y la pimienta negra.

Echa el caldo de pollo (o de verduras) encima de todo. Tapa la olla y cocina a fuego bajo durante 7h o hasta que las verduras estén blandas. Pon el mero encima de las verduras y cocina a fuego alto 30 mins más. Ya puedes servir.

PESCADOS

3

Salmón criollo

00:15   7h (baja) + 00:20 (alta)   ×2

INGREDIENTES

1 lata de 500 ml de tomate entero picado con el líquido
3 cucharadas de tomate frito
1 cebolla picada
250 gr de champiñones cremini
3 apios con las hojas, cortados en rodajas
1 pimiento verde picado
3 dientes de ajo machacados

250 ml de caldo de pollo
1 cucharadita de pimentón dulce
1/2 cucharadita de orégano
1 pizca de tomillo
1/2 cucharadita de sal
1 pizca de pimienta negra

2 filetes de salmón cortado en cubos

ELABORACIÓN

Introduce en la olla todos los ingredientes menos el salmón. Cubre la olla con la tapa y cocina a fuego bajo durante 7h. Echa el salmón en la olla, remueve y cocina con la tapa puesta a fuego alto durante 15-20 mins.

Mejillones con tomate y curry

PESCADOS 4

00:20 | 06:30 (baja) + 00:20 (alta) | x2

INGREDIENTES

2 latas de 500 ml de tomate entero, picados, con el líquido.
125 ml de vino blanco
1 puñado de cebollino cortado en trozos de 2-3 cm
3 dientes de ajo machacados
2 cucharaditas de curry

1 kg de mejillones limpios

ELABORACIÓN

Mete todos los ingredientes en la olla menos los mejillones. Cubre y cocina a fuego bajo durante 6h y media. Echa los mejillones, cubre y cocina a fuego alto durante media hora más o hasta que se abran los mejillones.

Anotaciones

Anotaciones

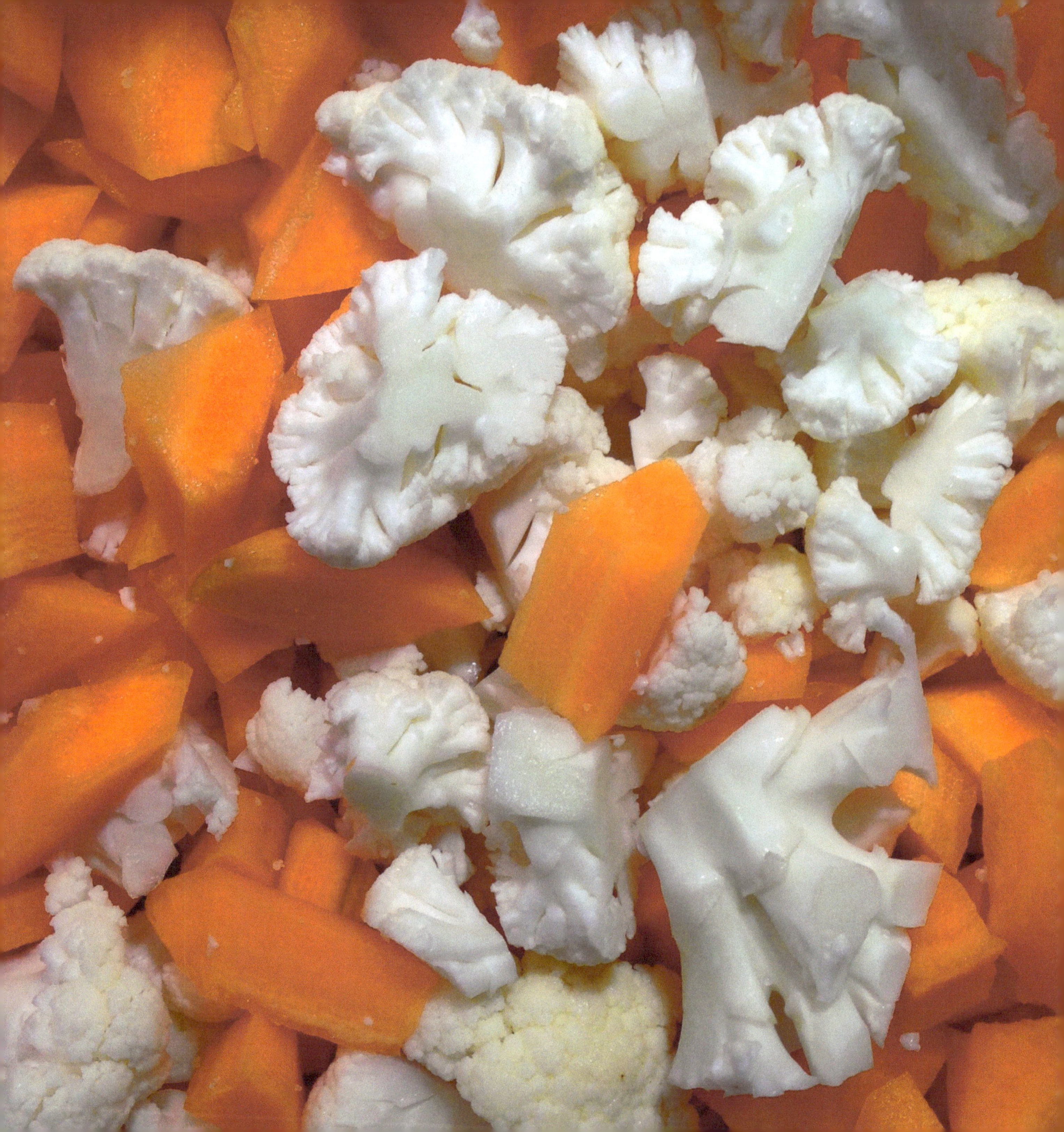

Verduras y Legumbres

❧

Algunos estudios afirman que una dieta libre de gluten
está relacionada con una menor posibilidad de padecer depresión

VERDURAS Y LEGUMBRES

1

Frijoles negros y polenta

00:15 | 6h (baja) | x2

INGREDIENTES

750 ml de caldo de verduras o agua
1 cucharada de mantequilla
1/2 cucharadita de sal
100 gr de harina de maíz o polenta
60 gr de maíz congelado

1 lata de 500 ml de frijoles negros escurridos y lavados
1 cebolla picada
1 pimiento rojo picado
2 diente de ajo machacado
1 tomate sin semillas y picado

2 cucharitas de pimentón
1/2 cucharadita de orégano seco
1 pizca de pimienta negra
Sal

ELABORACIÓN

En una sartén pequeña a fuego alto mezcla el caldo, la mantequilla y una pizca de sal hasta que se evapore el caldo. Remueve y echa la harina de maíz y el maíz. Echa la mezcla en la olla en una bolsa de plástico especial para cocinar de manera que ocupe la mitad del espacio.

En otra bolsa de plástico especial para cocción lenta, mezcla los frijoles, la cebolla, los pimientos, el ajo, el tomate, el pimentón, el orégano, la sal y la pimienta.

Ponla en la olla ocupando la otra mitad.
Asegúrate de que la parte de arriba de las bolsas salen por fuera de la olla.

Tapa y cocina a fuego bajo durante 6h y sirve al terminar de cocinar.

Pimientos rellenos con arroz

00:25 — 06:30 (baja) + 00:30 (alta) — ×2

VERDURAS Y LEGUMBRES

2

INGREDIENTES

3 pimientos grandes
1 cucharada de aceite de oliva
1 cebolla picada
2 diente de ajos machacados

100 gr de tomate sin semillas
75 gr de arroz largo
2 cucharadas de piñones
1 pizca de sal
1/2 cucharadita de orégano seco
1 pizca de pimienta negra

200 ml de caldo de verduras

ELABORACIÓN

Corta la parte de arriba de los pimientos, quita las semillas, lava y deja apartado. En una sartén mediana, a fuego medio, calienta el aceite de oliva. Añade la cebolla y el ajo y cocina removiendo hasta que se ablande durante 5 mins aprox.

Quita la sartén del fuego, echa el tomate, el arroz, los piñones, la sal, el orégano, la pimienta y la mitad del caldo de verduras. Rellena los pimientos con esta mezcla (incluido el líquido que hayan podido soltar, para que estén jugosos).

Extienda aceite a las paredes de la olla para que no se pegue. Mete los pimientos y echa el resto del caldo alrededor.

Cubre y cocina 6h a fuego bajo.
Coge un poco del líquido del fondo de la olla y métalo dentro de los pimientos. Cubre y cocina 30 mins. Sirve.

VERDURAS Y LEGUMBRES

3

Verduras y frijoles Thai

00:20
07:30 (baja)
00:30 (alta)
x2

INGREDIENTES

1 cebolla picada
4 dientes de ajo machacados
1 berenjena pequeña pelada y cortada en cubos
250 gr de champiñones shiitake
1 chile rojo pequeño machacado
2 cucharadita de jengibre fresco y rayado

1 lata de 500 ml de frijoles cannellini, escurridos aclarados
175 ml de caldo de verdura
1 cucharada de salsa de soja sin gluten

150 gr de habichuelas verdes
1 taza de bok choy (repollo chino) troceado
1 cucharada de albahaca tailandesa fresca y machacada o albahaca normal

ELABORACIÓN

Mete en la olla la cebolla, el ajo, la berenjena, los champiñones, el chile, el jengibre y los frijoles. Rocía la olla con el caldo y la salsa de soja. Cubre y cocina a fuego bajo durante 7h y media o hasta que las verduras estén blandas.

Luego, echas las habichuelas verdes y el bok choi. Cubre y cocina a fuego alto media hora. Remueve bien y decora con la albahaca.

Enchilada de maíz y frijoles

VERDURAS Y LEGUMBRES

4

INGREDIENTES

1 cebolla picada
3 dientes de ajo machacados
1 pimiento jalapeño machacado
1 lata de 500 ml de frijoles negros escurridos y lavados
175 gr de maíz descongelado
1 tomate grande sin las semillas y picado

1 taza y 1/4 de salsa verde mexicana (ver receta)

6 tortillas de maíz
125 gr de queso rallado Pepper Jack (es blanco, con especias y un poco picante)

ELABORACIÓN

En un bol mediano, mezcla la cebolla, el ajo, el jalapeño, los frijoles, el maíz y el tomate.

Extiende aceite sobre la superficie interior de la olla para que no se pegue y luego, echa la salsa verde.

Pon encima 3 tortillas, la mitad de los frijoles, la mitad de la salsa que queda y la mitad del queso. Repite las capas acabando con queso. Cubrir y cocinar a fuego bajo durante 6 horas.

VERDURAS Y LEGUMBRES

5

Frijoles rojos con arroz

00:15   8 h (baja)   x 2

INGREDIENTES

1 taza de frijoles rojos secos

1 cebolla picada
1 pimiento verde picado
2 apios en rodajas
3 dientes ajo machacados
1 jalapeño machacado
1 hoja de laurel
½ cucharadita de orégano
½ cucharadita de sal
1 pizca de tabasco

1 pizca de pimienta negra
750 ml de caldo de verduras
450 gr de arroz cocido

ELABORACIÓN

Antes de comenzar a preparar esta receta, debes dejar una noche entera los frijoles en agua y después, escurrirlos.

Mezcla en la olla los frijoles, la cebolla, el pimiento, el jalapeño, el apio, el ajo, el laurel, el orégano, la sal y el tabasco y luego remueve. Echa el caldo de verduras y cubre la olla. Cocina a fuego bajo durante 8 horas.

Saca la hoja de laurel y sirve encima del arroz cocido, caliente.

Chícharos picantes con maíz

VERDURAS Y LEGUMBRES

6

INGREDIENTES

1 taza de chícharos aclarados
1 cebolla picada
1 pimiento rojo picado
2 dientes de ajo machacados
1 calabacín pequeño pelado y cortado en cubos
175 gr de maíz congelado

500 ml de caldo de verduras
1 pimiento chipotle en su salsa y machacado
2 cucharaditas de polvo de chile
½ cucharadita de orégano seco

Sal
Pimienta negra
Cayena

ELABORACIÓN

El la olla mezcla todos los ingredientes y remueve. Cubrir y cocinar durante 8 h. Al terminar, remueve y sirve encima de arroz caliente, si quieres.

VERDURAS Y LEGUMBRES

7

Judías pintas a la barbacoa

00:15   8h   x2

INGREDIENTES

100 gr de judías pintas
100 gr de habichuelas negras
Una cucharadita de sal

3 lonchas de bacon
1 cebolla picada

3 dientes de ajo machacados
500 gr de caldo de pollo
230 ml de salsa barbacoa
2 cucharadas de miel
1 cucharada de mostaza dijon
Una pizca de pimienta negra

ELABORACIÓN

Antes de comenzar, debes dejar las habichuelas toda la noche en agua con media cucharadita de sal, para que se ablanden. Cuando esto pase, escurre las habichuelas y enjuaga.

A fuego alto en una olla normal, echa las habichuelas y agua, hasta que estén cubiertas, ponlas a fuego alto y cuando lleguen a ebullición, baja a fuego medio y cocina durante 45 minutos. Escurre.

En una sartén a fuego medio, cocina el bacon hasta que esté crujiente. Cuando termines, córtalo en trozos pequeños. En la misma sartén la que has hecho el bacon, cocina la cebolla y el ajo a fuego medio hasta que estén blandas (5 mins aprox.).

Cuando hayas terminado, introduce todos los ingredientes en la olla y cocina a fuego bajo 8h o hasta que las habichuelas estén tiernas.

Habichuelas (alubias) cocidas de Boston

VERDURAS Y LEGUMBRES

8

00:20　　9h　　x2

INGREDIENTES

3 trozos de bacon gruesos
1 cebolla picada
3 dientes de ajo machacados

300 gr de alubias blancas enjuagadas
700 ml de agua
225 gr de tomate
2 cucharadas de melaza
2 cucharadas de miel
2 cucharadas de azúcar moreno
1 hoja de laurel

Zumo de limón recién exprimido
2 cucharadas de mostaza de dijon
Sal y pimienta

ELABORACIÓN

A fuego medio, cocina el bacon en una sartén hasta que esté crujiente. Como es grueso, es posible que necesites alrededor de 10 mins. Quita el exceso de aceite y grasa con papel de cocina y corta el bacon en trozos pequeños. En la misma sartén saltea la cebolla y el ajo hasta que estén blanditos (5 mins).

Ahora, ya puedes comenzar a utilizar tu olla. Introduce el bacon, la cebolla y el ajo que has cocinado, las habichuelas, el agua, el tomate, la melaza, la miel, azúcar moreno, la hoja de laurel, sal y pimienta. Cubre y cocina a fuego lento durante 9h o hasta que las habichuelas estén muy blandas.

Saca la hoja de laurel, echa el zumo de limón y la mostaza, remueve y ya está listo para servir.

VERDURAS Y LEGUMBRES

9

Alubias blancas francesas con tomillo

00:10   7h   x2

INGREDIENTES

Una cebolla picada
3 dientes de ajo machacados
2 zanahorias en rodajas
300 gr de alubias blancas
700 gr de caldo de pollo o verduras

2 cucharadas de aceite de oliva
1 cucharadita de sal
1/2 cucharadita de tomillo seco
Una pizca de pimienta negra

Una cucharadita de tomillo fresco
30 gr de queso parmesano rallado

ELABORACIÓN

Introduce en la olla todos los ingredientes salvo el tomillo fresco y el queso y remueve. Tapa y cocina durante 6-7h o hasta que las alubias estén blandas.

Al terminar, mezcla con el tomillo fresco y el queso y ya puedes servir.

Judías pintas picantes

VERDURAS Y LEGUMBRES

10

INGREDIENTES

300 gr de judías pintas

1 cebolla picada
2 dientes de ajo machacados
1 jalapeño machacado
1 chile chipotle machacado
800 ml de caldo de verduras
1 hoja de laurel

Media cucharadita de sal
Una pizca de pimienta negra
Una pizca de cayena molida

ELABORACIÓN

Extiende aceite de oliva por los bordes de la olla para que no se pegue lo que vamos a cocinar. Cuando termines, mete directamente todos los ingredientes en la olla y cubre y cocina a fuego bajo 7-8 h o hasta que las judías pintas estén muy blandas.

Al terminar, puedes tirar la hoja de laurel y servir.

VERDURAS Y LEGUMBRES

11

Garbanzos griegos

INGREDIENTES

Una cebolla troceada muy pequeña
2 dientes de ajo triturados
300 gr de garbanzos enjuagados
950 ml de caldo de verduras
1 ramita de romero fresco
Media cucharadita de orégano seco
Media cucharadita de sal
Una pizca de pimienta negra

100 gr de queso feta
2 cucharadas de zumo de limón recién exprimido
½ cucharadita de cáscara de limón

ELABORACIÓN

Extiende aceite por los bordes de la olla para que no se peguen los alimentos. Mezcla la cebolla, el ajo, los garbanzos, el caldo, el orégano, la sal y la pimienta negra. Cubre y cocina a fuego bajo o hasta que los garbanzos estén blandos.

Al terminar, quita los restos de líquido si es necesario y añade el feta, el zumo de limón y la piel y sirve.

Patatas guisadas al gratén

VERDURAS Y LEGUMBRES

12

INGREDIENTES

3 patatas russet grandes peladas y cortadas en rodajas muy finas
1 cebolla en rodajas fijas
3 dientes de ajo machacados
1 cucharadita de albahaca seca
1 cucharadita de sal
1 pizca de pimienta negra
115 gr de queso havarti rayado
50 gr de queso cheddar rallado

100 ml de nata ligera
100 ml de nata
30 gr de mantequilla

30 gr de queso parmesano rallado

ELABORACIÓN

Al igual que es necesario en muchas otra recetas, necesitaremos extender un poco de aceite por el interior de la olla para que no se pegue nuestra receta. Imagina esta receta como una lasaña, debes hacer capas con los ingredientes en este orden: patatas, cebolla, ajo, sal, pimienta, queso havarti y cheddar. Al final, debes tener 4 capas de cada.

A parte, es una sartén pequeña a fuego alto, calienta la nata y la mantequilla hasta que esta última se derrita (1 minuto aproximadamente) y echa en la olla. Luego, espolvorea el parmesano.

Cubre y cocina durante 7h o hasta que las patatas estén blandas.

VERDURAS Y LEGUMBRES

13

Judías verdes con patatas

INGREDIENTES

1 cebolla picada
2 dientes de ajo machacados
1 puerro (solo la parte blanca) cortado muy fino
300 gr de judías verdes
390 gr de patatas tempranas (muy pequeñas)

100 ml de caldo de verduras
2 cucharadas de zumo de limón

½ cucharadita de sal
½ cucharadita de tomillo seco
1 pizca de pimienta negra.

ELABORACIÓN

Extiende aceite sobre el borde interior de la olla para que no se pegue. Mezcla todos los ingredientes en la olla para que no se peque. Cubre y cocina a fuego bajo 5-6h o hasta que las patatas y las judías verdes estén blandas.

Zanahorias con salsa de cítricos

VERDURAS Y LEGUMBRES

14

INGREDIENTES

¾ kg de zanahorias baby
1 puerro en rodajas (solo la parte blanca)
3 dientes de ajo machacados

60 ml de caldo de verduras o agua
2 cucharadas de limón recién exprimido
2 cucharadas de zumo de naranja
2 cucharadas de miel
Media cucharadita de cáscara de limón
Media cucharadita de piel de naranja

Media cucharadita de sal
Una pizca de pimienta negra

ELABORACIÓN

Pela las zanahorias y mételas en la olla junto con el puerro y el ajo y remueve con suavidad. Añade el resto de ingredientes y remueve de nuevo. Tapa y cocina a fuego bajo durante 8h o hasta que las zanahorias estén blandas.

VERDURAS Y LEGUMBRES

15

Tiernas verduras de raíz

00:20 | 8h | x2

INGREDIENTES

4 zanahorias cortadas en cubos de 2-3 cm
3 patatas russet cortadas en cubos de 2-3 cm
1 cebolla picada
3 dientes de ajo machacados

½ cucharadita de sal
1 pizca de pimienta negra
½ cucharadita de tomillo
1 ramita de romero
100 ml de caldo de verduras

3 ciruelas cortadas en trozos de 2-3 cm.

ELABORACIÓN

Mete dentro de la olla los siguientes ingredientes: zanahorias, patatas, cebolla y ajo. Echa la sal y las hierbas y especias y remueve todo con suavidad. Ahora, rocía el caldo encima de los ingredientes que hay en la olla y cubre y cocina a fuego bajo durante 7h y media. Al terminar, echa las ciruelas, remueve y cocina de nuevo durante media hora más o hasta que estén blandas.

Al terminar, quita el romero antes de servir.

Ratatouille

VERDURAS Y LEGUMBRES

16

INGREDIENTES

1 cebolla picada
3 dientes de ajo
1 berenjena cortada en rodajas de 2cm
2 zanahorias peladas y cortadas en trozos
40 gr de champiñones crimini laminados

2 tomates grandes sin semillas y picados
1 cucharada de aceite de oliva

55 gr de tomate frito
1 lata de 225-250 gr de salsa de tomate
1 cucharadita de sal
½ cucharadita de albahaca seca
½ tomillo seco
1 pizca de pimienta
1 hoja de laurel
40 gr de queso parmesano rallado

ELABORACIÓN

Pon un poco de aceite en los bordes interiores de la olla para que no se pegue la comida. Luego, mete la cebolla, el ajo, la berenjena, las zanahorias, los champiñones y los tomates. Luego echa un chorreón de aceite de oliva sobre los ingredientes.

En un bol pequeño, echa el tomate, la sal, la albahaca, el tomillo y la pimienta negra y remueve todo. Cuando esté bien mezclada, échala en la olla junto con el laurel. Cubre y cocina a fuego bajo durante 8h. Antes de servir, remueve, quita la hoja de laurel y espolvorea el queso parmesano por encima.

VERDURAS Y LEGUMBRES

17

Remolachas Harvard

00:20 | 8h | x2

INGREDIENTES

¾ kg de remolachas
1 cebolla picada
3 dientes de ajo laminados

100 gr de azúcar moreno
2 cucharadas de maizena
80 ml de zumo de naranja
3 cucharadas de zumo de limón
2 cucharadas de miel

2 cucharadas mantequilla
½ cucharadita de sal
¼ de cucharadita de canela en polvo

ELABORACIÓN

Mete en la olla las remolachas junto con la cebolla y el ajo. Ahora, de forma separada mezcla el azúcar moreno en un bol con la maizena, los zumos de naranja y limón y la miel hasta que todo esté bien combinado. Rocía la mezcla sobre los ingredientes que ya se encuentran en la olla.

Echa la mantequilla encima de los ingredientes y espolvorea la sal y la canela encima de todo, cuando termines, cubre y cocina durante 8h a fuego bajo.

Patatas picantes

VERDURAS Y LEGUMBRES 18

INGREDIENTES

1 kg de patatas pequeñas

1 cebolla picada
3 dientes de ajo machacados
1 chile chipotle de lata, con un poco de la salsa que traen
2 cucharadas de zumo de limón
2 cucharadas de agua

1 cucharada de chile en polvo
½ cucharadita de comino en polvo
½ cucharadita de sal
1 pizca de pimienta negra

ELABORACIÓN

Esta receta es bien sencilla: Destapa tu olla, mete dentro todos los ingredientes y vuelve a tapar. Cocina a fuego lento durante 7-8 h o hasta que las patatas estén a tu gusto de blandas. Luego sirve directamente.

VERDURAS Y LEGUMBRES

19

Verduras asadas al curry

00:20 | 8h | x2

INGREDIENTES

3 zanahorias cortadas en trozos
1 cebolla troceada
2 pimientos rojos cortados en tiras
2 batatas cortadas en cubos
6 dientes de ajo laminados

2 cucharadas de aceite de oliva
1 cucharadita de sal
2 cucharaditas de curry
1 pizca de pimienta negra

30 gr de mantequilla

ELABORACIÓN

De nuevo, como ya hemos visto en otras de las recetas, pon un poco de aceite en spray en la olla o úntala con aceite de oliva. Metes las zanahorias, la cebolla, los pimientos, las batatas, el ajo y remueve todo bien.

Luego, echa un chorreón de aceite y espolvorea la sal, el curry y la pimienta negra. Remueve bien y cubre y cocina a fuego bajo durante 7h o hasta que las verduras estén blandas. Si quieres/puedes, remueve de vez en cuando. Al terminar añade la mantequilla mientras aún está caliente y remueve con suavidad.

Puré de batatas con ajo

VERDURAS Y LEGUMBRES

20

00:20 | 8h | x2

INGREDIENTES

4 batatas grandes peladas y cortadas en cubos
1 cebolla picada
6 dientes de ajo pelados

120 ml de zumo de naranja
2 cucharadas de miel
1 cucharadita de sal
1 pizca de pimienta negra

75 gr de mantequilla
120 ml de nata espesa para cocinar

ELABORACIÓN

Prepara la olla con aceite para que no se pegue. Mete las batatas, la cebolla y el ajo en la olla. Vierte la miel y el zumo de naranja en la olla y remueve junto con los ingredientes de la olla. Espolvorea con sal y pimienta.

Cubre y cocina 8h a fuego bajo y al terminar, añade la mantequilla y la nata. Para hacerlo puré, utilizar una batidora de mano.

VERDURAS Y LEGUMBRES

21

Cebolla caramelizada con ajo

INGREDIENTES

5 cebollas grandes, picadas
12 dientes de ajo picados

2 cucharadas de aceite de oliva

15 gr de mantequilla
½ cucharadita de sal

ELABORACIÓN

Como viene siendo costumbre en nuestras recetas, prepara la olla para que no se peque con aceite en spray o untándola con aceite de oliva. Mete todos los ingredientes y remueve. Luego cubre y cocina a fuego bajo durante 9 horas o hasta que la cebolla y el ajo estén dorados.

Si estás presente mientras se cocina, no está de más que remuevas de vez en cuando.

Coliflor con curry y zanahorias

VERDURAS Y LEGUMBRES

22

INGREDIENTES

1 cebolla picada
2 dientes de ajo machacados
1 cucharada de jengibre fresco
1 cucharada de curry

1 coliflor partida en brotes pequeños
125 gr de zanahorias baby
120 ml de caldo de verduras.

½ cucharadita de sal
1 pizca de pimienta negra

ELABORACIÓN

Pon aceite en la olla para que no se pegue. Un vez hecho esto, mezcla dentro de la olla todos los ingredientes y remueve. Cubre y cocina a fuego bajo durante 8 horas o hasta que las verduras estén blandas.

Anotaciones

Anotaciones

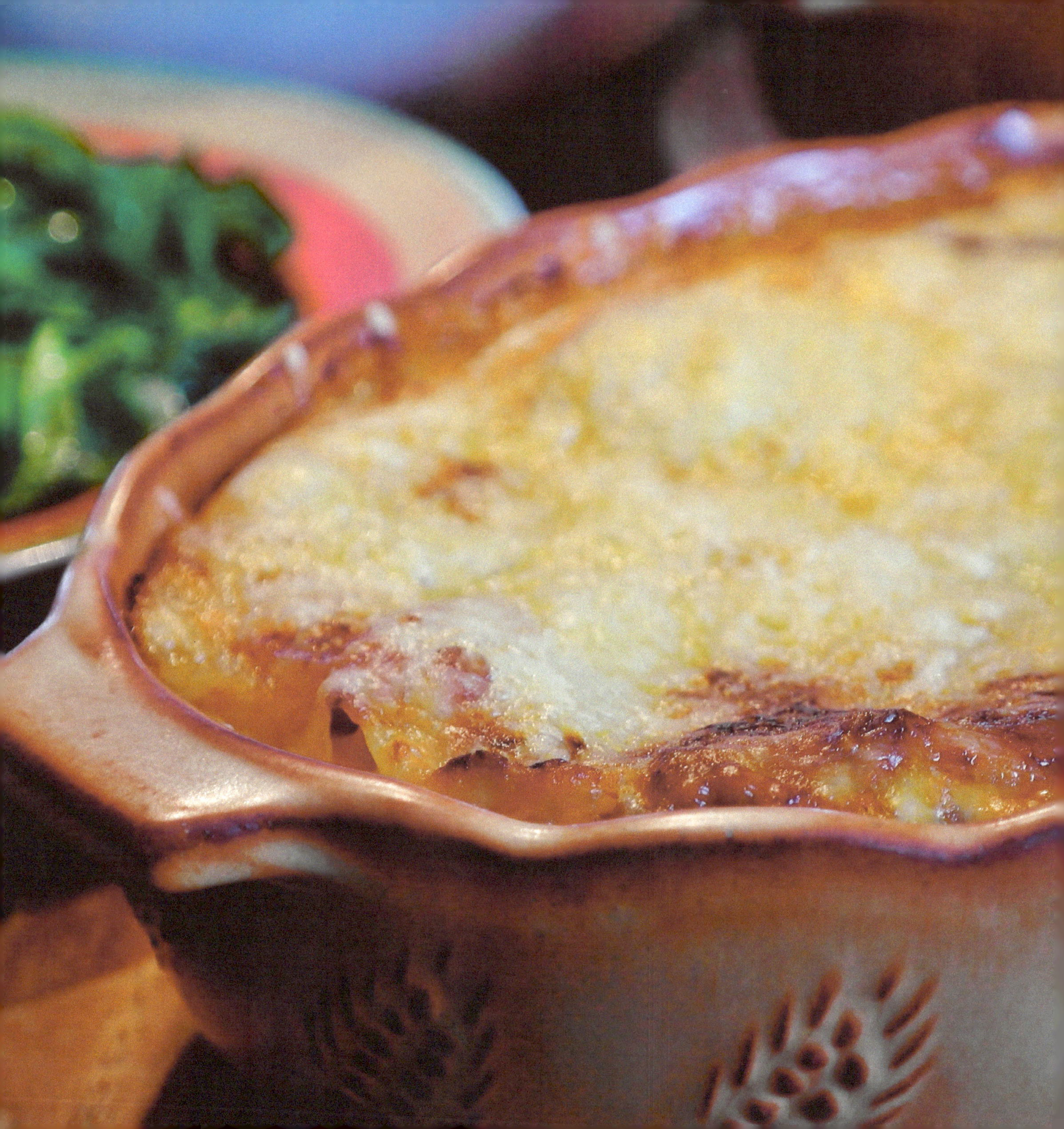

Pastas, Arroces y Semillas

~⚜~

*Se estima que el 1% de la población
tiene problemas al consumir gluten*

PASTAS, ARROCES Y SEMILLAS

1

Polenta de hierbas

00:10 | 7h | x2

INGREDIENTES

200 ml de caldo de verduras
2 cebollas picadas
4 dientes de ajo machacados
1 cucharadita de sal
55 gr de mantequilla

180 gr de harina de maíz
15 gr de perejil fresco

3 cucharadas de albahaca machacada
2 cucharadas de tomillo
80 gr de queso parmesano rallado

ELABORACIÓN

En una olla grande a fuego alto mezcla el caldo, la cebolla, el ajo, la sal y mantequilla hasta que hierva. Cocina a fuego bajo 5 mins o hasta que la cebolla esté transparente y blanda. Introduce la mezcla en la olla de cocción lenta, añade la harina de maíz, removiendo constantemente hasta que esté completamente mezclado. Cocina a fuego bajo durante 7h. Echa la albahaca, tomillo y queso y sirve rápidamente.

Trigo sarraceno con 3 champiñones

00:25 | 6h | x2

PASTAS, ARROCES Y SEMILLAS

2

INGREDIENTES

170 gr de trigo de sarraceno
Un huevo batido

1 cebolla picada
40 gr de champiñones cremini laminados
40 gr de champiñones de botón laminados
40 gr de champiñones shiitake laminados
600 gr de caldo de verduras

1 hoja de laurel
media cucharadita de albahaca seca
media cucharadita de sal
1 pizca de pimienta negra

ELABORACIÓN

En un bol mediano mezcla el trigo de sarraceno con el huevo. Mezclar bien y echar en una sartén mediana donde cocinarás a fuego medio o hasta que el trigo huela tostado. En la olla, echa todos los ingredientes restantes y la mezcla de la sartén. Cubre y cocina a fuego bajo de 5 a 6h (hasta que la semilla esté blanda). Sacar la hoja de laurel y servir.

PASTAS, ARROCES Y SEMILLAS

3

Farro Pilaf

INGREDIENTES

55 gr de farro enjuagado
1 cebolla picada
40 gr de champiñones shiitake laminados
un puerro (solo la parte blanca)

3 dientes de ajo machacados
600 ml de caldo de verduras
1 cucharadita de orégano
½ cucharadita de sal
un pizca de pimienta negra

30 gr de mantequilla

ELABORACIÓN

En la olla mezcla todos los ingredientes menos la mantequilla y remueve. Cubre y cocina a fuego bajo 6h o hasta que el arroz esté blando. Remueve con la mantequilla y sirve.

Risotto de espárragos

PASTAS, ARROCES Y SEMILLAS

4

00:15

5 h (baja)
00:30 (alta)

x2

INGREDIENTES

300 gr de arroz arborio o arroz jazmín
Un puerro cortado (solo lo blanco y verde claro)
2 dientes de ajo machacados
60 gr vino blanco seco
1L de caldo de verduras
media cucharadita de sal
una pizca de pimienta negra

250 gr de espárragos

40 gr de queso parmesano rallado
15 gr de mantequilla

ELABORACIÓN

Unta la olla con aceite en el interior, para que no se pegue. Mete dentro el arroz, puerro, ajo, vino blanco, el caldo, la sal, la pimienta negra y remueve. Cubre y cocina a fuego bajo 5h o hasta que el arroz esté blando. Remueve bien.

Limpia bien los espárragos y corta en trozos de 2-3 cm. Mete los espárragos en la olla. Cubre y cocina media hora a fuego alto. Seguidamente, mete el queso y la mantequilla y déjalo 5 mins para después servirlo directamente.

PASTAS, ARROCES Y SEMILLAS
5

Mezcla de 3 cereales

00:20 — 7h — ×2

INGREDIENTES

1 cucharada de aceite de oliva
1 cebolla picada
2 dientes de ajo machacados
1 zanahoria en rodajas

70 gr de arroz salvaje enjuagados
20 gr de farro enjuagados
70 gr de cebada perlada
700 gr de caldo de verduras
1 hoja seca de laurel
1/2 cucharadita de albahaca
Media cucharadita de sal
Una pizca de pimienta negra

30 gr queso parmesano rallado

ELABORACIÓN

En una sartén pequeña a fuego medio pon un poco de aceite de oliva y comienza a calentar. Echa la cebolla, el ajo y la zanahoria y rehoga hasta que las verduras estén blandas (suele ser alrededor de 5 minutos).

Echa el resultado de tu salteado en la olla, el arroz, el farro y la cebada. Seguidamente echa el caldo, las hierbas (albahaca y laurel) y sazona al gusto con sal y pimienta. Cubre con la tapa y cocina a fuego bajo durante 7h hasta que los granos estén tiernos.

Cuando termines, puedes quitar la hoja de laurel y poner el queso para servir rápidamente.

Arroz español con frijoles negros

PASTAS, ARROCES Y SEMILLAS

6

00:20 | 7h (baja) | x2

INGREDIENTES

1 cucharada de aceite de oliva
1 cebolla picada
3 dientes de ajo machacados

75 gr de arroz integral

1 pimiento verde picado
1 lata de 500 ml de frijoles negros escurridos y enjuagados
175 ml de caldo de verduras
2 cucharaditas de pimentón
1/2 cucharadita de orégano

ELABORACIÓN

En una olla pequeña, a fuego medio, calienta el aceite de oliva. Añade la cebolla y el ajo y saltea durante 5 minutos removiendo de vez en cuando. Añade el arroz y cocina sin parar de remover durante 1 minuto más. Al terminar, mete en la olla, la mezcla que tienes en la sartén junto con el resto de los ingredientes y remueve.

Tapa y cocina a fuego bajo 6-7h.

PASTAS, ARROCES Y SEMILLAS

7

Lasaña mexicana

00:15   7h (baja)   x 2

INGREDIENTES

1 lata de 500 ml de tomates cortados con el líquido
1 lata de frijoles refritos
2 cucharaditas de chile en polvo
Una pizca de sal
Pimienta negra

1 cebolla
3 dientes de ajo machacados
1 jalapeño machacado
10 olivas negras cortadas muy finas
155 gr de maíz descongelado
1 taza de salsa roja mexicana

5-6 tortillas de maíz
1 poco de queso Pepper Jack

ELABORACIÓN

En un bol mezcla los tomates y los frijoles con el polvo de chile y una pizca de pimienta negra. En otro bol diferente mezcla la cebolla, ajo, jalapeño, aceitunas, maíz y la mitad de la salsa. Unta la olla con aceite para que no se pegue y mete un cuarto de la salsa en la olla y suficientes tortillas para cubrirla (no importa que tengas que romperlas para que quepan).

Coloca encima de las tortillas la mitad de la mezcla de los frijoles y la mitad de la otra mezcla así como la mitad del queso. Coloca encima del queso el resto de las tortillas y añade el resto de las mezclas y el resto de la salsa. Luego coloca encima el resto del queso. Cubre y cocina a fuego bajo durante 7h.

Farro con espinacas

PASTAS, ARROCES Y SEMILLAS 8

00:15 — 7h — x2

INGREDIENTES

1 puerro picado (solo la parte blanca)
40 gr de champiñones cremini laminados
2 dientes de ajo machacados
75 gr de farro enjuagados y limpio
700 ml de caldo de verdura
1/2 cucharadita de orégano seco
1/2 cucharadita de sal
1 pizca de pimienta negra

350 gr de espinacas

300 gr de queso parmesano rallado

ELABORACIÓN

Extiende aceite por los bordes interiores de la olla, para evitar que se pegue lo que vamos a cocinar. Luego, mete todos los ingredientes menos las espinacas y el queso y remueve.

Luego, cubre y cocina a fuego bajo 6h y media y al terminar, mete las espinacas, tapa y cocina 30 minutos más o hasta que las espinacas estén bien hechas y el farro esté tierno.

Antes de servir, pon el queso mientras aún está caliente y remueve.

PASTAS, ARROCES Y SEMILLAS

9

Arroz integral con pilaf de verduras

00:20 | 5h | ×2

INGREDIENTES

Una cebolla picada
40 gr de champiñones cremini
2 zanahorias en rodajas
2 dientes de ajo machacados
275 gr de arroz largo integral

600 ml de caldo de verduras
½ cucharadita de sal
½ cucharadita de orégano
Una pizca de pimienta negra

30 gr de queso parmesano rallado

ELABORACIÓN

Introduce en la olla la cebolla, los champiñones, la zanahoria, el ajo y el arroz. Luego añade el caldo, la sal y las especias (sal y pimienta negra) y remueve. Cubre y cocina a fuego bajo durante 5h hasta que el líquido se haya evaporado y el arroz esté blando.

Cuando haya terminado, sirve y espolvorea el queso sobre la receta.

Risotto con carne de ternera

00:20   05:15   x2

PASTAS, ARROCES Y SEMILLAS

10

INGREDIENTES

¼ kg de carne picada de ternera (magra)
275 gr de arroz arbóreo

1 cebolla picada
2 dientes de ajo machacados
60 ml de vino blanco seco
1L de caldo de ternera o carne
½ cucharadita de sal
1 pizca de pimienta negra

50 gr de queso parmesano
15 gr de mantequilla

ELABORACIÓN

Primero, utiliza una sartén mediana para cocinar la carne picada durante unos 10 minutos. Ve separándola con la espátula en trozos pequeños. mientras la rehogas.

Mezcla el arroz y remueve constantemente hasta que el arroz esté tostado. Luego, elimina si queda algo de grasa en la sartén.

Mete la mezcla en la olla, la cebolla, el ajo, el vino, el caldo, las especias y remueve bien. Cubre y cocina durante 5 horas y al terminar añade el queso y la mantequilla y remueve. Deja reposar 5 minutos y sirve.

Anotaciones

Anotaciones

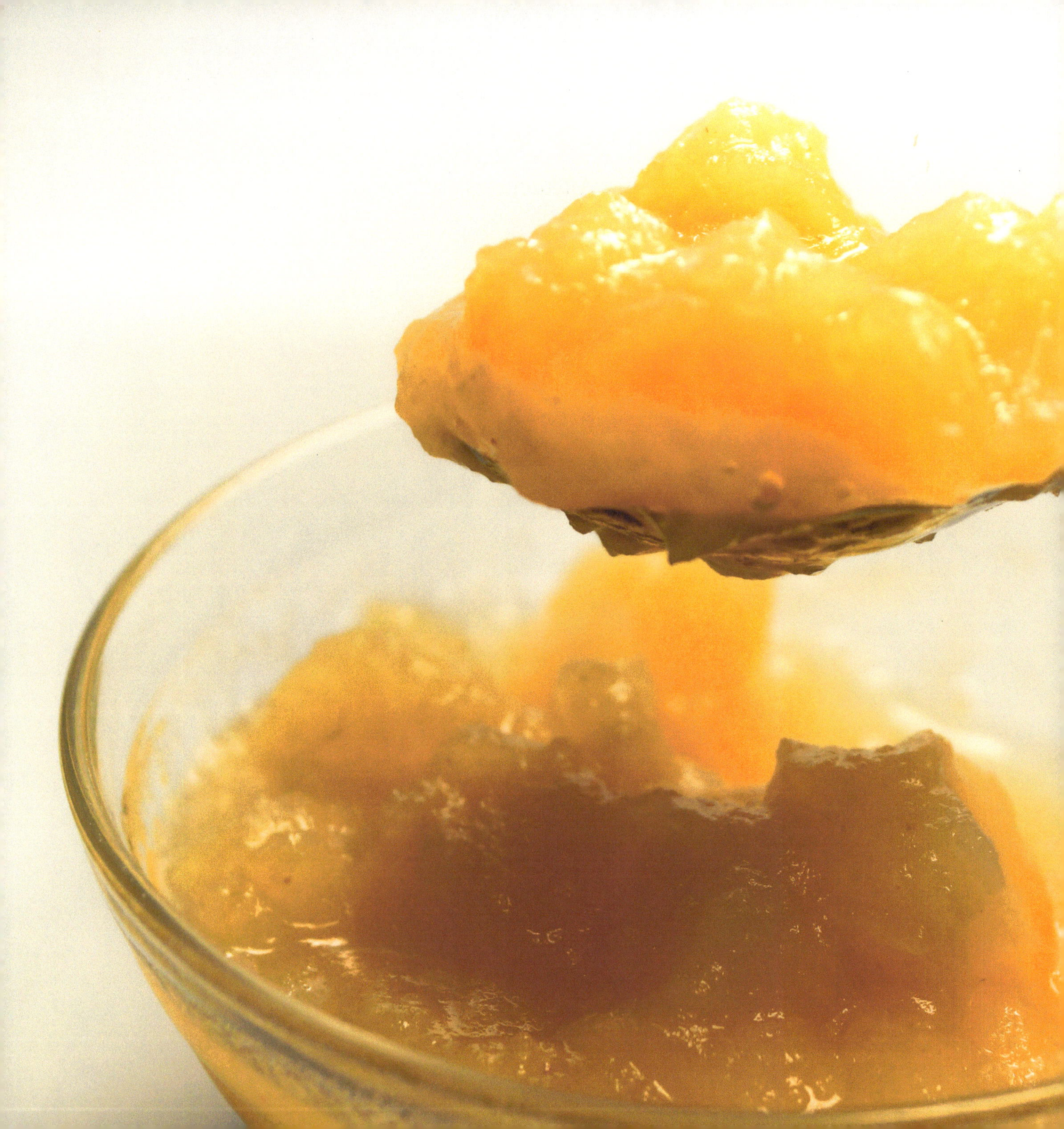

Postres y Desayunos

❦

Los cosméticos, medicamentos y suplementos nutricionales
también pueden contener gluten

❦

POSTRES Y DESAYUNOS

1

Puré de manzana y pera

INGREDIENTES

4 manzanas peladas y en rodajas
3 peras peladas y en rodajas

60 ml de zumo de manzana
100 gr de azúcar
2 cucharadas de zumo de limón
1 cucharadita de canela
1 cucharadita de nuez moscada
1 pizca de sal

1 cucharadita de vainilla

ELABORACIÓN

Pon un poco de aceite en los bordes de la olla para que no se pegue. Mete las rodajas de pera y manzana y remueve. Echa el zumo de manzana y el de limón, el azúcar, la canela, la nuez moscada y la sal. Tapa y cocina durante 8 h o hasta que la fruta esté muy muy blanda.

Al terminar, machaca el resultado con un tenedor para que queden grumitos, hasta que te guste la consistencia que tiene el puré. Si te gusta muy suave, puedes utilizar la batidora. Echa la vainilla, remueve de nuevo y ya está listo para tomar. Si lo prefieres, puedes tomarlo frío, durará en la nevera hasta 4 días.

Pudding de arroz de limón

POSTRES Y DESAYUNOS 2

INGREDIENTES

185 gr de arroz blanco largo

130 gr de azúcar normal
950 ml de leche
240 ml de agua
80 ml de zumo de limón
2 cucharaditas de la piel del limón

1 pizca de sal
55 gr de mantequilla

ELABORACIÓN

Pon un poco de aceite para que no se peque. Pon todos los ingredientes dentro de la olla y remueve. Tapa y cocina durante 6 h o hasta que el arroz esté blando y la textura quede espesa. Al terminar, puedes servir directamente.

POSTRES Y DESAYUNOS

3

Pudding de arroz

00:10 | 5h | ×2

INGREDIENTES

185 gr de arroz blanco redondo
1,2 L de leche

240 ml de de nata
100 de azúcar
15 gr de mantequilla
2 cucharaditas de vainilla

80 gr de mango
90 gr de kiwi pelado

ELABORACIÓN

Pon un poco de aceite para que no se pegue. Mete todos los ingredientes en la olla a excepción de la fruta y cubre y cocina a fuego bajo 5h o hasta que el arroz esté blando y la textura sea espesa.

Al terminar, pon encima la fruta troceada y sirve directamente.

Manzana rellena de cereza

POSTRES Y DESAYUNOS

4

INGREDIENTES

3 manzanas

15 ml de zumo de limón
40 gr de cerezas secas
30 ml zumo de manzana
2 cucharadas de miel

60 ml de agua

ELABORACIÓN

Corta la parte superior de cada manzana (unos 2 cm) y pela un poco de la piel de la parte superior de la manzana ya cortada. Con una cuchara, quita el corazón de la manzana, con mucho cuidado, para no dañar el final de la misma y que no se salgan luego los ingredientes.

Rellena las manzanas con las cerezas secas y echa el zumo de limón y la miel también dentro de las manzanas. Pon las manzanas dentro de la olla y añade agua alrededor de las manzanas (no dentro) y tapa la olla. Cocina durante 4h o hasta que consideres que las manzanas están blanditas.

Anotaciones

Anotaciones

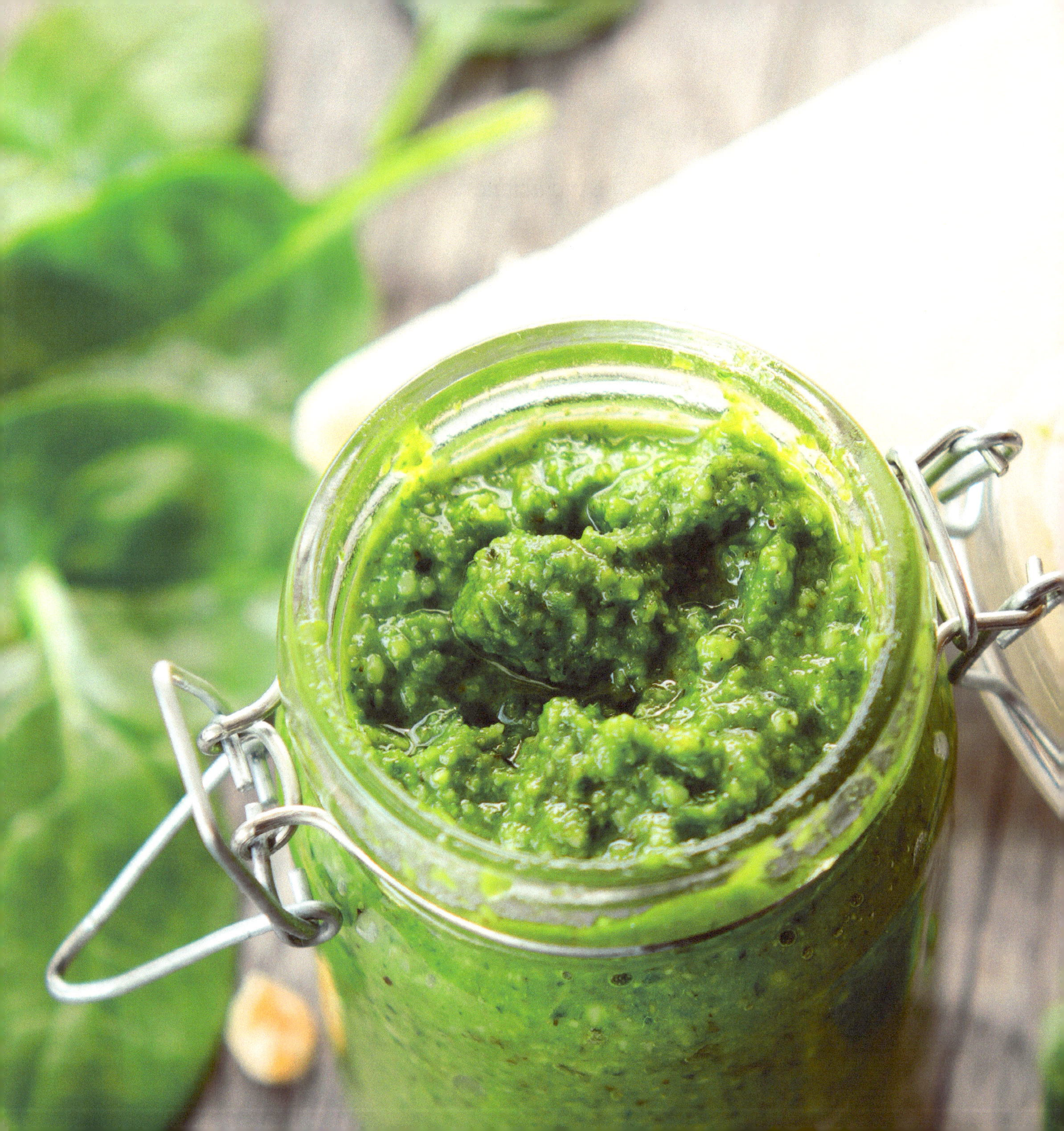

Salsas

❧

Se debe evitar la contaminación cruzada
(cuando un alimento libre de gluten entra en contacto
con otros alimentos que sí lo contienen)

❧

SALSAS

1

Salsa de tomate italiana

00:15 | 6h | x2

INGREDIENTES

1 cebolla picada
3 dientes de ajo machacados
2 tomates grandes pelados y picados
300 gr de tomate frito
400 gr de tomate en lata (con el líquido)

1 hoja de laurel
1 cucharadita de orégano
1 cucharadita de albahaca
1/2 cucharadita de sal
1 cucharadita de azúcar moreno

470 ml de caldo de pollo

ELABORACIÓN

Mete todos los ingredientes en la olla, al mismo tiempo y remueve hasta que todo quede bien mezclado. Cubre la olla y cocina a fuego bajo el tiempo indicado (6h). Al terminar, tira la hoja de laurel. Deja reposar unos minutos y sirve.

Esta salsa aguanta hasta 3 días en la nevera y hasta 3 meses si la dejas en el congelador.

SALSAS 2

Salsa marinera

00:20 | 6h | x2

INGREDIENTES

5 tomates largos sin la semilla y picados
1 zanahoria pelada y cortada en rodajas
1 cebolla picada
4 dientes de ajo machacados

1 hoja de laurel
1 cucharadita de albahaca seca
1 cucharadita de azúcar moreno
1 cucharadita de sal
1 pizca de pimienta negra
700 ml de caldo de pollo o verduras
120 ml de vino tinto (opcional)

2 cucharadas de albahaca fresca machacada

ELABORACIÓN

Mete todos los ingredientes en la olla a excepción de la albahaca fresca, que se utilizará al final. Tapa y cocina a fuego bajo durante 6h y al terminar, retirar la hoja de laurel. Echa la albahaca fresca y remueve. Deja reposar durante al menos media hora. Después, ya puedes servirla para utilizarla.

Si te sobra, puedes guardarla en la nevera hasta 3 días o congelarla hasta 4 meses.

SALSAS

Salsa boloñesa

INGREDIENTES

1/4 kg de carne picada
1/4 kg de salchichas de cerdo
1 cebolla picada
4 dientes de ajo machacados

400 gr de tomate en lata con el líquido
225 gr de tomate frito
225 ml de caldo de ternera
1 hoja de laurel
1 cucharadita de orégano seco
1/2 cucharadita de albahaca seca
1/2 cucharadita de sal
1 pizca de pimienta negra

120 ml de nata

ELABORACIÓN

A fuego medio y en una sartén de tamaño mediano o grande, cocina durante alrededor de 8 minutos la carne picada, las salchichas, la cebolla y el ajo. Mientras se cocina ve removiendo, sobre todo para ir separando la carne picada en trozos pequeños. Al terminar, deshazte del líquido que aún quede en la sartén.

Al terminar, mete todo en la olla y el resto de los ingredientes a excepción de la nata. Tapa la olla y cocina a fuego bajo durante 8 h. Cuando termine la cocción, echa la nata y remueve y deja que se enfría durante media hora y quita la hoja de laurel. Ahora, puedes servir. Aguanta 3 días en la nevera y 4 meses en el congelador.

Salsa de piña

SALSAS 4

INGREDIENTES

1 kg de piña natural en lata (con el líquido)

2 cebollas picadas
3 dientes de ajo machacados
1 jalapeño triturado
100 gr de azúcar moreno
2 cucharadas de miel
1 cucharada de soja

2 cucharadas de vinagre de manzana
1 cucharadita de tomillo seco
1 pizca de sal

ELABORACIÓN

Si la piña que has comprado viene en rodajas, córtala en trozos pequeños. Introduce todos los ingredientes dentro de la olla y remueve hasta que todo quede bien mezclado. Cubre y cocina a fuego bajo durante 3-4 horas. Deja enfriar durante media hora antes de servir.

Aguanta 4 días en la nevera y 3 meses en el congelador.

SALSAS 5

Salsa verde

INGREDIENTES

1 kg de tomatillos (tomates de fresadilla) sin las semillas y enjuagados
1 pimiento verde picado
2 cebollas picadas
3 dientes de ajo machacados
2 jalapeños machacados

1 puñado de cilantro fresco
1 cucharadita de sal
1 pizca de pimienta negra

230 ml de caldo de verdura o agua

ELABORACIÓN

Combina todos los ingredientes en la olla y remueve. Cubre con la tapa y cocina a fuego bajo hasta 4h.

Aguanta 4 días en la nevera y 3 meses en el congelador.

SALSAS 6

Salsa barbacoa

INGREDIENTES

800 gr de ketchup
250 gr de tomate frito
250 gr de mostaza dijon
1 cebolla picada
3 dientes de ajo machacados
2 jalapeños

100 gr de azúcar moreno
85 gr de miel
2 tallos de apio en rodajas finas
3 cucharadas de las hojas del apio, picadas
3 cucharadas de zumo de limón

2 cucharaditas de chile en polvo
1 cucharadita de pimentón dulce
1 cucharadita de sal
1 pizca de pimienta

ELABORACIÓN

Mete todos los ingredientes en la olla y cubre y cocina durante 6-7h a fuego bajo. Al terminar, ya puedes servir directamente, pero si lo deseas, se mantiene buena hasta 4 días en la nevera o 4 meses en el congelador.

SALSAS

7

Salsa roja

00:20   5h   ×2

INGREDIENTES

2 cebollas picadas
8 tomates picados
3 tallos de apio en rodajas
5 dientes de ajo machacados
2 chiles poblanos picados
2 jalapeños

120 ml de agua

2 cucharaditas de chile en polvo
1 cucharadita de sal
1 pizca de pimienta negra

ELABORACIÓN

Al igual que hemos visto en el resto de salsas, los pasos para realizar esta receta son bien sencillos. Mete todos los ingredientes en la olla y cubre y cocina a fuego bajo durante 5 horas. Al terminar, utiliza una batidora para dar la textura de salsa. Utiliza una potencia más o menos alta dependiente de cómo de suave te guste la salsa.

Aguanta 4 días en la nevera y 3 meses en el congelador.

SALSAS

8

Chutney

00:20 | 6h | x2

INGREDIENTES

3 cebollas picadas
5 ajos laminados
500 gr de piña en lata sin el líquido y bien troceada.
2 mangos pelados y picados en trozos pequeños
2 manzanas verdes peladas y picadas en trozos pequeños
150 gr pasas de oro

1 pimiento rojo picado
2 cucharadas de azúcar moreno
2 cucharadas de zumo de limón
1 cucharada de jengibre fresco
2 cucharaditas de curry
1 cucharaditas de sal
1/2 cucharaditas de canela
1 pizca nuez moscada

1 puñado de cilantro fresco

ELABORACIÓN

Introduce en la olla todos los ingredientes de la lista, a excepción del cilantro. Cubre con la tapa y cocina durante 5-6 horas o hasta que todo esté bien blando y mezclado. Añade el cilantro al final de la cocción.

Aguanta 4 días en la nevera y 4 meses en el congelador.

SALSAS

9

Aderezo de tomate

INGREDIENTES

5 tomates grandes sin semillas y picados
2 cebollas picadas
2 pimientos rojos de campana
3 dientes de ajo machacados

250 ml de vinagre de manzana
100 gr de azúcar moreno
200 gr de azúcar granulado
170 gr de miel

125 gr de mostaza de dijon
2 cucharaditas de sal
1/2 cucharadita de pimienta negra

ELABORACIÓN

Mete todos los ingredientes en la olla y remueve hasta mezclar todo bien. Cocina a fuego bajo durante 8 h. Cuando hayan pasado las 4 primeras horas, abre la tapa y remueve para cerrarla luego y dejar cocinando hasta llegar a las 8 horas.

Aguanta 4 días en la nevera y 3 meses en el congelador.

Salsa de arándanos

SALSAS

10

INGREDIENTES

700 gr de arándanos frescos
2 manzanas verdes peladas y picadas
2 peras peladas

100 gr de azúcar moreno
80 ml de zumo de naranja
2 cucharadas de zumo de limón
2 cucharaditas de la piel de una naranja

2 cucharaditas de canela en polvo
½ cucharaditas de sal

ELABORACIÓN

Al igual que se hace con el resto de salsas, incluye todos los ingredientes en la olla y remueve. Tapa la olla y cocina a fuego bajo durante 8 horas. Un buen indicativo de que la salsa está bien hecha es comprobar que los arándanos se han roto y la salsa está espesa. Espera a que se enfríe antes de servir.

Aguanta 4 días en la nevera y 4 meses en el congelador.

Anotaciones

Anotaciones

Índice por ingredientes

Apio

Caldo de verduras 10
Caldo de pollo 11
Cazuela de carne toscana 16
Salmón criollo 34
Frijoles rojos con arroz................................. 44
Salsa barbacoa.. 93
Salsa roja... 94

Berenjena

Pescado y verduras de la toscana 33
Verduras y frijoles Thai 42
Ratatouille 55

Índice por ingredientes

Cebolla

Caldo de verduras 10
Caldo de pollo 11
Caldo de ternera 12
Caldo de huesos 13
Carne de cerdo al curry de coco 14
Ternera deshebrada al
chile banana 15
Cazuela de carne toscana 16
Gallinas de Cornualles
con verduras 23
Arroz con pollo Tex Mex 24
Sándwiches de Pulled chicken
barbacoa 25
Muslos de pollo con curry 26
Pollo español 27
Pollo Thai 28
Risotto de gambas 32
Pescado y verduras de la toscana .. 33
Salmón criollo 34
Frijoles negros y polenta 40

Pimientos rellenos con arroz 41
Verduras y frijoles Thai 42
Enchilada de maíz y frijoles 43
Frijoles rojos con arroz 44
Chícharos picantes con maíz 45
Habichuelas (alubias) cocidas
de Boston 47
Alubias blancas francesas
con tomillo 48
Judías pintas picantes 49
Garbanzos griegos 50
Patatas guisadas al gratén 51
Judías verdes con patatas 52
Tiernas verduras de raíz 54
Ratatouille 55
Remolachas Harvard 56
Patatas picantes 57
Verduras asadas al curry 58
Puré de batatas con ajo 59
Cebolla caramelizada con ajo 60

Coliflor con curry y zanahorias ... 61
Polenta de hierbas 66
Trigo sarraceno con
3 champiñones 67
Farro Pilaf 68
Mezcla de 3 cereales 70
Arroz español con frijoles negros . 71
Lasaña mexicana 72
Arroz integral con pilaf
de verduras 74
Risotto con carne de ternera 75
Salsa de tomate italiana 88
Salsa marinera 89
Salsa boloñesa 90
Salsa de piña 91
Salsa verde 92
Salsa barbacoa 93
Salsa roja 94
Chutney 95
Aderezo de tomate 96

Índice por ingredientes

Cerdo

Carne de cerdo al curry de coco 14
Costillas a la barbacoa 17
Salsa boloñesa 90

Guisantes

Pollo Thai 28
Pollo español 27

Índice por ingredientes

Patata

Gallinas de Cornualles con verduras....... 23
Pescado y verduras de la toscana 33
Patatas guisadas al gratén........................... 51
Judías verdes con patatas............................ 52
Tiernas verduras de raíz.............................. 54
Patatas picantes.. 57

Pollo

Caldo de pollo 11
Caldo de huesos 13
Pollo asado con especias................................ 22
Arroz con pollo Tex Mex 24
Sándwiches de Pulled chicken barbacoa 25
Muslos de pollo con curry............................ 26
Pollo español 27
Pollo Thai... 28

Índice por ingredientes

Tomate (entero, triturado o frito)

Caldo de ternera 12
Cazuela de carne toscana 16
Costillas a la barbacoa 17
Pollo español 27
Salmón criollo 34
Mejillones con tomate y curry 35
Frijoles negros y polenta 40
Pimientos rellenos con arroz 41
Enchilada de maíz y frijoles 43
Habichuelas (alubias) cocidas de Boston 47
Ratatouille 55
Lasaña mexicana 72
Salsa de tomate italiana 88
Salsa marinera 89
Salsa boloñesa 90
Salsa barbacoa 93
Salsa roja 94
Aderezo de tomate 96

Ternera

Caldo de ternera 12
Caldo de huesos 13
Ternera deshebrada al chile banana 15
Cazuela de carne toscana 16
Risotto con carne de ternera 75

Índice por ingredientes

Zanahorias

Caldo de pollo 11
Caldo de ternera 12
Caldo de huesos 13
Cazuela de carne toscana 16
Gallinas de Cornualles con verduras 23
Muslos de pollo con curry 26
Alubias blancas francesas con tomillo 48
Zanahorias con salsa de cítricos 53
Tiernas verduras de raíz 54
Ratatouille 55
Verduras asadas al curry 58
Coliflor con curry y zanahorias 61
Mezcla de 3 cereales 70
Arroz integral con pilaf de verduras 74
Salsa marinera 89

Otras Publicaciones

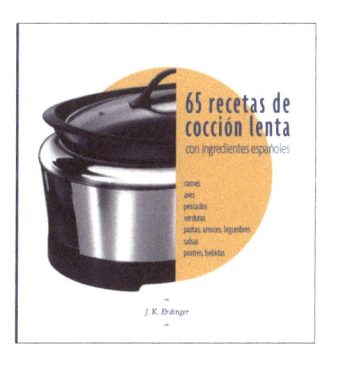

65 recetas de cocción lenta
con ingredientes españoles

J. K. Erdinger - Julio, 2016

Mi diario de recetas
Cocción lenta // Paleo // Veganas // Vegetarianas

Colección: Lovely Recipe Journals - Octubre, 2016

Disponibles en:

Varios colores

Castellano

Inglés

CPSIA information can be obtained
at www.ICGtesting.com
Printed in the USA
LVHW070332280519
619252LV00011B/304/P